BEI GRIN MACHT SICH IHR WISSEN BEZAHLT

AF167116

- Wir veröffentlichen Ihre Hausarbeit,
  Bachelor- und Masterarbeit

- Ihr eigenes eBook und Buch -
  weltweit in allen wichtigen Shops

- Verdienen Sie an jedem Verkauf

Jetzt bei www.GRIN.com hochladen und kostenlos publizieren

Erstellung einer einfachen Java-Anwendung zur Verwaltung eines Karteikartensystems

Oliver Lemm

Bibliografische Information der Deutschen Nationalbibliothek:

Die Deutsche Nationalbibliothek verzeichnet diese Publikation in der Deutschen Nationalbibliografie; detaillierte bibliografische Daten sind im Internet über http://dnb.d-nb.de abrufbar.

ISBN: 9783346909480
Dieses Buch ist auch als E-Book erhältlich.

Druck und Bindung: Books on Demand GmbH, Norderstedt Germany
Gedruckt auf säurefreiem Papier aus verantwortungsvollen Quellen

Das vorliegende Werk wurde sorgfältig erarbeitet. Dennoch übernehmen Autoren und Verlag für die Richtigkeit von Angaben, Hinweisen, Links und Ratschlägen sowie eventuelle Druckfehler keine Haftung.

Das Buch bei GRIN: https://www.grin.com/document/1372869

Erstellung einer einfachen Java-Anwendung zur Verwaltung eines elektronischen Karteisystems

Inhaltsverzeichnis

Abbildungsverzeichnis

1 Einleitung

1.1 Problemstellung

Programmiersprachen sind wichtig, weil sie es Entwicklern ermöglichen, Anweisungen und Befehle zu schreiben, die Computer verstehen und ausführen können. Ohne Programmiersprachen wäre es unmöglich, komplexe Software zu erstellen, die in der heutigen Welt unverzichtbar ist. Auf Platz zwei der beliebtesten Programmiersprachen laut PYPL-Index aus dem April 2023 liegt Java.[1]

Java wurde von Sun Microsystems im Jahr 1995 als Programmiersprache und Computerplattform entwickelt. Seit ihren bescheidenen Anfängen hat sich Java zu einem wichtigen Bestandteil der heutigen digitalen Welt entwickelt, da sie eine zuverlässige Plattform bietet, auf der zahlreiche Dienste und Anwendungen aufgebaut werden können. Auch neue, innovative Produkte und digitale Dienste, die für die Zukunft konzipiert sind, setzen auf Java als Grundlage.[2] Ein wichtiger Grund für ihre Beliebtheit ist die Fähigkeit, ein Programm, das in Java geschrieben wurde, auf jedem Computer ausführen zu können, auf dem die Java Virtual Machine installiert ist. Dadurch muss das Programm nur einmal geschrieben werden und kann überall verwendet werden. Ein weiterer Vorteil von Java ist die klare Ausrichtung auf die objektorientierte Programmierung, was es zu einer vielseitigen Programmiersprache macht, die auch heute noch relevant ist.

1.2 Aufbau der Arbeit

Hauptziel dieser Arbeit ist die Erstellung einer einfachen Java-Anwendung zur Verwaltung eines Karteisystems. Dabei sollen die Grundlagen objektorientierter Programmierung während der Programmierung erlernt und verstanden werden. In Kapitel 2 dieser Arbeit werden die Grundlagen von Java anhand von Beispielen zu Begriffen wie Klasse oder Objekt besprochen. Außerdem werden UML-Diagramme erläutert, da diese elementar wichtig sind, um die einzelnen Klassen zu beschreiben. In Kapitel 3 wird die Umsetzung der einzelnen Klassen gezeigt und mit UML-Diagrammen und Code-Ausschnitten veranschaulicht bevor in Kapitel 4 das Assignment und dessen Umsetzung kritisch reflektiert wird.

---

[1] Vgl. Statista.com (2023)
[2] Vgl. Java.com (2023)

2 Einführung in die Entwicklung von Anwendungen mit Java

2.1 Was versteht man unter Objektorientierung?

Während Java eine starke Präferenz für objektorientierte Programmierung hat, ist es nicht auf diese Art der Programmierung beschränkt. Die objektorientierte Programmierung in Java konzentriert sich auf die Erstellung von Objekten, die den Zustand eines realen Objekts darstellen, indem sie verschiedene Attribute besitzen.[3] Hauptziel einer objektorientierten Programmierung ist es also, das Verhalten und den Zustand realer Objekte nachzubilden.[4]

Ein Beispiel für ein solches Objekt kann ein Auto sein. Dieses einzigartige Objekt hat Attribute wie Fahrzeug-ID, Hersteller, Kennzeichen und Reichweite.

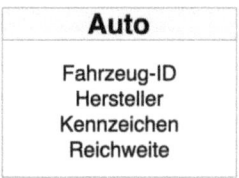

Abbildung 1 Beispielobjekt Auto [Eigendarstellung]

Um nicht alle Objekte manuell zu erstellen und dessen Attribute zu verwalten werden in Java Klassen mit definierten Methoden verwendet. Diese Klassen und Methoden werden im nächsten Abschnitt näher beleuchtet.

2.2 Klassen und Methoden

Eine Klasse ist eine Art Bauplan für Objekte, welche in verschiedenen Ausprägungen vorkommen, aber entweder eine gemeinsame Struktur oder ein gemeinsames Verhalten haben.[5]

Eine Klasse kann nun genutzt werden, um im Beispiel oben individuelle Autos zu erstellen. Wenn in einer Klasse noch kein Objekt instanziiert wurde, haben die Attribute dieser

---

[3] Vgl. Silberbauer (2020) Seite 41 – 63
[4] Vgl. Brauer (2014) Seite 29
[5] Vgl. Abts (2020) Seite 47

Klasse keinen Wert.[6] Erst mit der Erstellung eines Objektes werden die Werte zugewiesen. In Java können Attribute nicht nur primäre Datentypen wie int oder char besitzen, sondern auch aus anderen Objekten bestehen.[7] Der Zugriff auf die Attribute und Methoden wird über die sogenannten Modifizierer geregelt. Die wichtigsten Modifizierer sind public und private. Wenn Methoden oder Attribute mit private versehen sind, können nur Methoden im selben Objekt darauf zugreifen. Wenn eine Methode oder ein Attribut mit public versehen ist, können Methoden und Attribute außerhalb des Objekts auf diese zugreifen.[8]

```java
1   public class Auto {
2       private char fahrzeugID;
3       private char hersteller;
4       private char kennzeichen;
5       private int reichweite;
6
7       public Auto (char fahrzeugID, char hersteller, char kennzeichen, int reichweite) {
8           setID(fahrzeugID);
9           setHersteller(hersteller);
10          setKennzeichen(kennzeichen);
11          setReichweite(reichweite);
12      }
13
14  }
```

Abbildung 2 Beispielausschnitt einer Klasse [Eigendarstellung]

Im Auto-Beispiel könnten nun Methoden wie *setHersteller* oder *getReichweite* erstellt werden. Die erste Methode erlaubt es, den Hersteller des Autos festzulegen. Die zweite Methode erlaubt es, die Reichweite eines Autos abzufragen.

2.3 Was sind UML-Diagramme?

UML-Diagramme sind Diagramme, die im Rahmen der Unified Modeling Language (UML) verwendet werden, um verschiedene Aspekte eines Softwaresystems zu modellieren und zu visualisieren. Die Unified Modeling Language (UML) wurde in den 1990er Jahren von der Object Management Group (OMG) entwickelt. Die OMG ist eine internationale Organisation, die Standards für objektorientierte Technologien festlegt und UML wurde als Standard zur

---

[6] Vgl. Müller (2023) Seite 115
[7] Vgl. Abts (2020) Seite 49 - 51
[8] Vgl. Abts (2020) Seite 49

Erstellung einer einfachen Java-Anwendung zur Verwaltung eines elektronischen Karteisystems

Modellierung von Softwaresystemen eingeführt.[9] UML-Diagramme werden häufig von Softwareentwicklern, -designern und -architekten verwendet, um die Struktur, das Verhalten und die Funktionalität eines Softwaresystems zu modellieren und zu dokumentieren. Sie helfen dabei, das Verständnis des Systems zu verbessern und dessen Design und Implementierung zu unterstützen.[10]

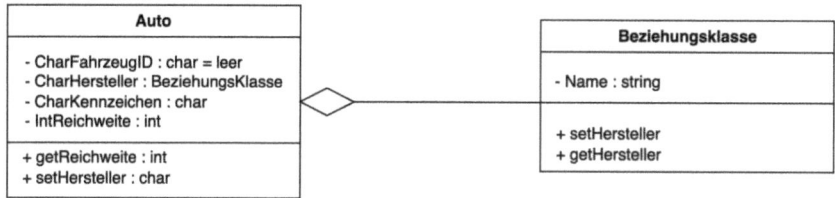

Abbildung 3 Darstellung einer Beispielklasse in UML [Eigendarstellung]

2.4 Die Entwicklungsumgebung

Um mit Java zu entwickeln, benötigt man eine geeignete Entwicklungsumgebung. Diese umfasst die Programmiersprache, das Java Development-Kit (JDK) mit Compiler und Bibliotheken und die Java-Laufzeitumgebung. Typische Beispiele sind Oracle JDK, OpenJDK oder AdoptOpenJDK.[11] In diesem Assignment kommt allerdings Visual Studio Code zum Einsatz.

3 Erstellung der Java-Anwendung

Im Hauptteil dieser Arbeit werden nun die einzelnen Klassen der Java-Anwendung erstellt. Dabei werden wichtige Methoden mit Codeausschnitten dargestellt. Jede Klasse schließt mit einem dazugehörigen UML-Diagramm ab.

---

[9] Vgl. Tremp (2022) Seite 32 - 35
[10] Vgl. Borrmann (2021) Seite 56 – 57
[11] Vgl. Abts (2020) Seite 1 -3

3.1 Die Klasse „Adresse"

Die Klasse **Adresse** wird benötigt, um eine Adresse mit allen wichtigen Attributen für einen Freund bereitzustellen. Damit kann ein Freund mit seiner vollständigen Adresse in der Kartei gespeichert werden. Dafür werden die Attribute Straße, Postleitzahl und Ort benötigt. Um die Attribute des Objektes von äußerlichen Zugriffen zu schützen, wird der Modifizierer *private* verwendet. Damit ist sichergestellt, dass nur speziell dafür vorgesehene Methoden auf die Attribute zugreifen können.[12] Zusätzlich zu dieser Konstruktor-Methode erhält jedes Attribut noch eine *set* -und eine *get-Metbhode*. Mit der *set-Methode* kann das jeweilige Attribut gesetzt oder verändert werden. Die *get-Methode* gibt dann das jeweilige Attribut aus. Diese Methoden sind mit dem Modifizierer *public* versehen, um hiermit die Attribute der Klasse ändern zu können. Die fertige Klasse wird in Abbildung 4 dargestellt.

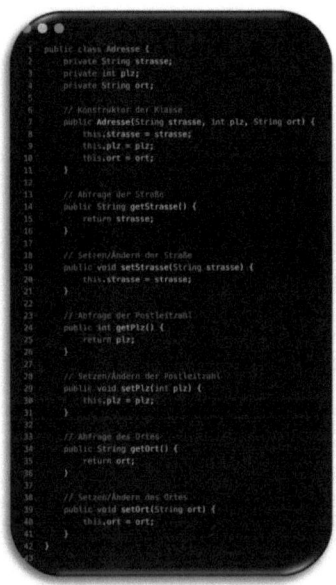

Abbildung 4 Die Klasse Adresse [Eigendarstellung]

---

[12] Vgl. Abts (2020) Seite 49

Die Konstruktor-Methode ist so ausgelegt, dass alle Attribute vorhanden sein müssen. Wenn ein Attribut fehlt, wird die Methode nicht ausgeführt. Daraus ergibt sich das URL-Diagramm aus Abbildung 5.

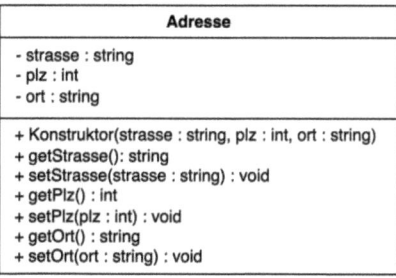

Abbildung 5 UML-Diagramm "Adresse" [Eigendarstellung]

Bei der Erstellung der Klasse in dieser Form können allerdings Fehler nicht ausgeschlossen werden. Beispielsweise ist die Länge der Postleitzahl nicht definiert bzw. auf ein Maximum begrenzt. Außerdem ist die Postleitzahl hier als Zahl angegeben. Es gibt allerdings auch Länder bei denen die Postleitzahl nicht nur aus Zahlen besteht. Diese könnten hier nicht berücksichtigt werden.

3.2 Die Klasse Freund

Mit der **Freund-Klasse** kann ein Objekt erstellt werden, welches die notwendigen Daten eines Freundes enthält. Dieses Objekt kann dann in die Kartei eingefügt werden. Als Attribute dieser Klasse sind Vorname, Nachname, Geburtsdatum und ein Objekt der Klasse **Adresse** vorgesehen. Um jedem Freund eine Eindeutige ID zuzuordnen gibt es außerdem das Attribut ID vom Typ *Integer*. Um die Attribute vor Zugriffen von außen zu schützen sind auch diese wieder mit dem Modifizierer *private* versehen. Um die Anzahl der Freunde zu zählen, gibt es außerdem das Attribut *zaehler* vom Typ *int*. Um ein Zurücksetzen des Zählers bei einer neuen Instanziierung zu verhindern, bekommt das Attribut noch den Modifizierer *static*.[13]

---

[13] Vgl. Silberbauer (2020) Seite 48 - 49

Erstellung einer einfachen Java-Anwendung zur Verwaltung eines elektronischen Karteisystems

Da der Zähler als *int* angegeben ist wird dieser fortlaufend erhöht, um eine Doppelung auszuschließen, selbst wenn zwei Freunde denselben Namen haben. Durch diesen Automatismus benötigt der Zähler für die ID auch keine *set-Methode*. Zusätzlich wurde noch die Variable *leereAusgabe* eingebaut, um mögliche Nullwerte abzufangen. Diese Variable gibt dann anstatt einem Nullwert einen definierten Hinweis aus.[14] In Abbildung 6 wird ein Codeausschnitt der Klasse dargestellt. Im UML-Diagramm (Abbildung 7) sind dann alle Methoden der Klasse ersichtlich.

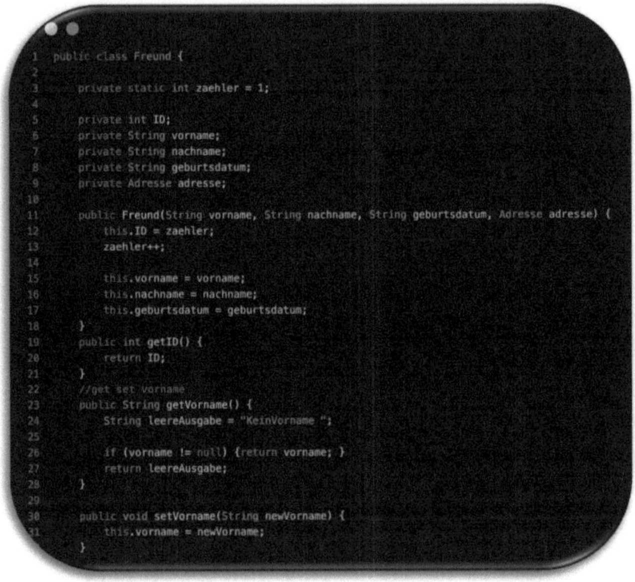

```java
1   public class Freund {
2
3       private static int zaehler = 1;
4
5       private int ID;
6       private String vorname;
7       private String nachname;
8       private String geburtsdatum;
9       private Adresse adresse;
10
11      public Freund(String vorname, String nachname, String geburtsdatum, Adresse adresse) {
12          this.ID = zaehler;
13          zaehler++;
14
15          this.vorname = vorname;
16          this.nachname = nachname;
17          this.geburtsdatum = geburtsdatum;
18      }
19      public int getID() {
20          return ID;
21      }
22      //get set vorname
23      public String getVorname() {
24          String leereAusgabe = "KeinVorname ";
25
26          if (vorname != null) {return vorname; }
27          return leereAusgabe;
28      }
29
30      public void setVorname(String newVorname) {
31          this.vorname = newVorname;
32      }
```

Abbildung 6 Ausschnitt der Klasse "Freund" [Eigendarstellung]

7

---

[14] Vgl. Silberbauer (2020) Seite 56 - 60

Freund
- ID : int   - vorname : string   - nachname : string   - geburtsdatum : string   - adresse : Adresse
+ Konstruktor(vorname : string, nachname : string, geburtsdatum : string, adresse : Adresse)   + getID() : int   + getVorname() : string   + setVorname(newVorname : string) : void   + getNachname() : string   + setNachname(newNachname : string) : void   + getGeburtsdatum() : string   + setGeburtsdatum(newGeburtsdatum : string) : void   + getAdresse() : adresse   + setAdresse(newAdresse : string) : void

Abbildung 7 UML-Diagramm „Freund" [Eigendarstellung]

Auch in dieser Klasse können Fehler nicht ausgeschlossen werden. Weil das Geburtsdatum in dem Datentyp String angegeben wird, ist das Format des Geburtsdatums nicht festgelegt. Alle Formate von *dd/mm/yyyy* bis *yy/dd/mm* sind möglich. Außerdem wird in dieser einfachen Anwendung nicht überprüft, ob es sich bei dem String wirklich um ein Geburtsdatum handelt. Das Geburtsdatum kann also mit einem beliebigen String ersetzt werden. Eine mögliche Problemlösung ist das Nutzen der mit Java-Version 8 implementierten *Date and Time API*. Diese fügt den gregorianischen Kalender hinzu welcher in den meisten Ländern genutzt wird. Aus diesem kann dann das richtige Datum ausgewählt werden.[15] Des weiteren sollte hier die maximale Länge der *int-Klasse* in Java erwähnt werden. Diese hat einen maximalen Wertebereich bis 2.147.483.647.[16] Dies sollte in dieser Anwendung aber kein wirkliches Problem darstellen.

8

---

[15] Vgl. Abts (2020) Vgl. Seite 195 – 199
 [16] Vgl. Silberbauer (2020) Seite 12

3.3 Die Klasse Kartei

Die **Kartei-Klasse** hat die Aufgabe Objekte der Freund-Klasse zu verwalten. Dies beinhaltet Aufgaben wie das hinzufügen eines Freundes zu einer Kartei, das Erstellen einer neuen Kartei oder auch das Suchen, Ausgeben oder Löschen eines Freundes. Für diese Klasse wurde die Bibliothek *java.util.HashMap* importiert. Diese ist bei der Instanziierung einer neuen Kartei erforderlich, da in dieser HashMap die Freunde gespeichert werden. An dieser Stelle wurde sich bewusst für die HashMap entscheiden da diese in den Java-Klassenbibliotheken enthalten ist.[17]

Das Suchen und Löschen eines Freundes sind an dessen ID geknüpft. So kann sichergestellt werden, dass bei doppelten Namen nicht der falsche Freund gelöscht wird. Außerdem wurde darauf geachtet einen nicht vorhandenen Schlüssel abzufangen und dafür eine Fehlermeldung auszugeben. Um die Gesamtzahl zu ermitteln wurde auf die in HashMap integrierte *size()*-Methode zurückgegriffen. Diese gibt immer die aktuelle Anzahl an Freunden aus. In Abbildung 8 wird die Klasse dargestellt. Abbildung 9 zeigt das dazugehörige UML-Diagramm.

Abbildung 8 Die Klasse "Kartei" [Eigendarstellung]

---

[17] Vgl. Silberbauer (2020) Seite 96 - 100

Erstellung einer einfachen Java-Anwendung zur Verwaltung eines elektronischen Karteisystems

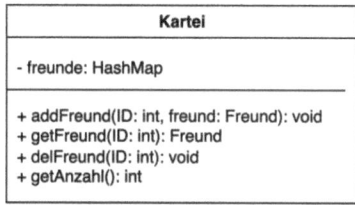

Kartei
- freunde: HashMap
+ addFreund(ID: int, freund: Freund): void + getFreund(ID: int): Freund + delFreund(ID: int): void + getAnzahl(): int

Abbildung 9 UML-Diagramm "Kartei" [Eigendarstellung]

Ein Problem bei dieser Klasse kann das Löschen eines Freundes darstellen. Um einen Freund zu löschen, wird dessen ID benötigt. In dieser einfachen Anwendung wird der Schlüssel nur bei Erstellung eines Freundes angezeigt. Je nach Anzahl an Freunden kann sich diese ID dann nicht für jeden Freund gemerkt werden. Eine mögliche Lösung wäre eine Abfrage der ID für jeden Freund. Diese ist allerdings bei Doppelungen von Vornamen oder Nachnamen schwierig umzusetzen.

3.4 Die Klasse Main

In der Main-Klasse werden nun verschiedene Methoden ausgeführt. Es werden beispielhaft verschiedene Freunde mit ihren möglichen Adressen eingegeben und in einer Kartei gespeichert. Anschließend werden das Ändern und das Löschen eines Eintrags kurz dargestellt.

Als erstes wird eine neue Kartei erstellt. Danach wird ein neuer Freund erstellt und in der Kartei gespeichert. Dabei wird ihm eine eindeutige ID zur Identifizierung zugeordnet.

```java
public class Main {
    public static void main(String[] args) {
        //Hiermit wird eine neue Kartei erstellt
        Kartei Freunde = new Kartei();
        //Beispiel zur Erstellung eines neuen Freundes
        Freund Name = new Freund ("Vorname", "Nachname", "Geburtsdatum",new Adresse(null, 0, null));
        //Ein Freund wird in eine Kartei eingetragen
        Freunde.addFreund(Name.getID(), Name);
```

Abbildung 10 Beispiel zur Erstellung eines Freundes [Eigendarstellung]

Nach der Erstellung eines Freundes wird dieser mit seinem Vornamen in der Konsole ausgegeben. Hierfür werden die Methoden *get.Freund* und *get.Vorname* genutzt. Die Änderung des Vornamens wird mit der *setVorname*()-Funktion Beispielhaft ausgeführt. Um die Anzahl der Freunde in der Kartei ausgeben zu lassen wird die Funktion *getAnzahl*() genutzt. Außerdem wird

Erstellung einer einfachen Java-Anwendung zur Verwaltung eines elektronischen Karteisystems

in der Main-Klasse versucht, einen bestehenden und einen nicht bestehenden Freund zu löschen. Zum Abschluss werden 4 Freunde angelegt und der Kartei hinzugefügt, um sie dann in der Konsole mit ihrer ID ausgeben zu lassen. In Abbildung 11 wird der Code dieser Klasse dargestellt.

```java
public class Main {
    public static void main(String[] args) {
        //Hiermit wird eine neue Kartei erstellt
        Kartei Freunde = new Kartei();
        //Beispiel zur Erstellung eines neuen Freundes
        Freund Name = new Freund ("Vorname", "Nachname", "Geburtsdatum",new Adresse(null, 0, null));
        //Ein Freund wird in eine Kartei eingetragen
        Freunde.addFreund(Name.getID(), Name);

        System.out.println(" "); //Leerzeile um den Output des Terminals übersichtlicher zu gestalten

        //Ausgabe derzeitiger Vorname
        System.out.println(Freunde.getFreund(1).getVorname() + " | ID: " + Freunde.getFreund(1).getID());

        //Änderung des Vornamens
        Freunde.getFreund(1).setVorname("Max");

        //Ausgabe des veränderten Vornamen (Test)
        System.out.println(Freunde.getFreund(1).getVorname() + " | ID: " + Freunde.getFreund(1).getID());

        System.out.println(" "); //Leerzeile um den Output des Terminals übersichtlicher zu gestalten

        //Versuch des Löschens eines nicht vorhandenen Eintrags
        Freunde.delFreund(12);

        //Ausgabe Menge Einträge in Kartei
        System.out.println("Menge von Einträgen in Kartei: " + Freunde.getAnzahl());

        //Löschung eines vorhandenen Eintrags
        Freunde.delFreund(1);

        //Ausgabe Menge Einträge in Kartei
        System.out.println("Menge von Einträgen in Kartei: " + Freunde.getAnzahl());

        System.out.println(" "); //Für bessere Übersichtlichkeit des Terminal-Outputs

        //Erstellung und Eintragung mehrzahl von Freunden
        Freund Olli = new Freund("Oliver", "Lemo", "19.08.1989",new Adresse("Museumstraße 50", 38229, "Salzgitter"));
        Freund Marcel = new Freund("Marcel", "Kohlmann", "06.09.1995",new Adresse("Kohlstraße 23", 30569, "Hannover"));
        Freund Alex = new Freund("Alex", "Wiese", "15.03.1997", new Adresse("Berliner Weg", 30999, "Berlin"));
        Freund Carsten = new Freund("Carsten", "Müller", "01.01.1900", new Adresse("Musterweg 1", 12345, "Musterhausen"));
        Freunde.addFreund(Olli.getID(), Olli);
        Freunde.addFreund(Marcel.getID(), Marcel);
        Freunde.addFreund(Alex.getID(), Alex);
        Freunde.addFreund(Carsten.getID(), Carsten);

        System.out.println(" "); //Für bessere Übersichtlichkeit des Terminal-Outputs

        //Ausgabe Gesamtzahl der in der Kartei gespeicherten Einträge
        System.out.println("In dieser Kartei befinden sich " + Freunde.getAnzahl() + " Einträge");

        //Ausgabe aller Einträge in der Kartei
        for (Freund freund : Freunde.freunde.values()) {
            System.out.println(freund.getVorname() + " | ID: " + freund.getID() + " " + freund.getAdresse());
        }
    }
}
```

Abbildung 11 Die Klasse "Main" [Eigendarstellung]

Da alle Methoden in dieser Klasse bereits beschrieben wurden, wird auf ein UML-Diagramm verzichtet.

3.5 UML-Diagramm aller Klassen

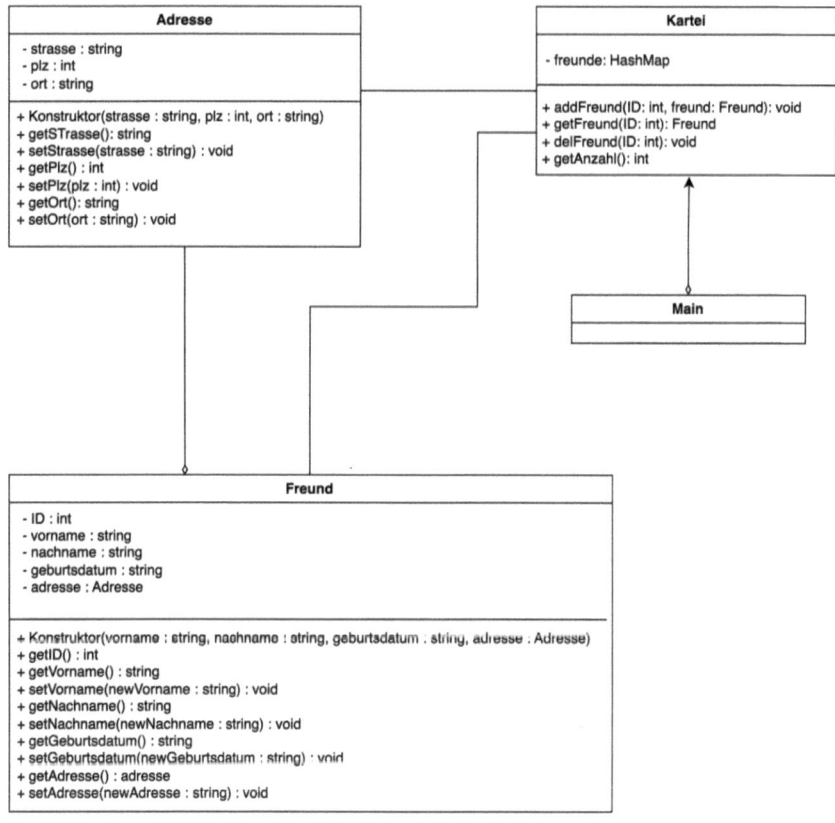

Abbildung 12 URL-Diagramm aller Klassen [Eigendarstellung]

Dieses URL-Diagramm bildet abschließend noch einmal die Zusammenhänge der einzelnen Klassen ab und beschreibt damit die Zusammenhänge der Anwendung mit allen Methoden.

4 Kritische Reflektion

Bei der Erstellung einer einfachen Java-Anwendung kann es schnell passieren, dass Zeit und Aufwand unterschätzt werden. Durch die objektorientierte Programmierung können viele Methoden und Aufrufe schnell verschachtelt und komplex werden. Um einen guten Überblick zu bekommen ist es ratsam, beim nächsten Erstellen das UML-Diagramm vorzeitig zu erstellen, um sich die Zusammenhänge besser vor Augen zu führen und um in schwierigen Situationen den Überblick wiederzuerlangen. Auch Bugfixes können einem schlichtweg den Verstand rauben. Hierbei habe ich während des Projekts gelernt, manchmal etwas Abstand zu dem Projekt zu nehmen, um später noch einmal in Ruhe nach dem Fehler zu suchen. Um einen guten Einstieg in Java allgemein zu erlangen kann ich einen Java-Kurs über Plattformen wie Udemy nur empfehlen. Dieser Kurs mit praktischen Beispielen hat mir die Arbeit wesentlich erleichtert. Leider konnten aber nicht alle Aufgaben des Assignments gelöst werden. Egal was ich probiert habe und egal wie ich die Struktur der Anwendung umgebaut habe, ich konnte nie die gespeicherten Adressen als String ausgeben. Da keine Hilfe von außen erlaubt ist und ich leider nicht auf die Lösung gekommen bin bleibt dieser Teil der Aufgabe leider unerfüllt. Eine weitere wichtige Erkenntnis dieser Arbeit ist die Reihenfolge der Klassen. Beispielsweise kann die Klasse **Freund** nicht vor der Klasse **Adresse** erstellt werden, da die **Adresse** in der Klasse **Freund** benötigt wird. Natürlich bietet die Arbeit auch noch viel Platz für Verbesserungen. Zum einen fehlt einer persistenten Datenbank, welche im Hintergrund die Daten speichert. Außerdem ist diese Anwendung hard gecoded und daher nicht sehr interaktiv. Eine Datenbank würde allerdings die Klasse Kartei weitestgehend ersetzen, welche durch die Aufgabenstellung vorgegeben war. Zusammenfassend kann ich sagen, bei der nächsten Anwendung sollte die Planung eher und besser erfolgen. Außerdem nehme ich mit „Erst die Zusammenhänge im Diagramm festhalten, dann anfangen zu coden". Alles in allem halte ich die Arbeit aber trotzdem für gelungen, trotz kleiner Fehler. Ich persönlich bin mit dieser Ausarbeitung zufrieden.

Erstellung einer einfachen Java-Anwendung zur Verwaltung eines elektronischen Karteisystems

Anhang

A1 Code

```java
1    public class Adresse {
2        private String strasse;
3        private int plz;
4        private String ort;
5
6        // Konstruktor der Klasse
7        public Adresse(String strasse, int plz, String ort) {
8            this.strasse = strasse;
9            this.plz = plz;
10           this.ort = ort;
11       }
12
13       // Abfrage der Straße
14       public String getStrasse() {
15           return strasse;
16       }
17
18       // Setzen/Ändern der Straße
19       public void setStrasse(String strasse) {
20           this.strasse = strasse;
21       }
22
23       // Abfrage der Postleitzahl
24       public int getPlz() {
25           return plz;
26       }
27
28       // Setzen/Ändern der Postleitzahl
29       public void setPlz(int plz) {
30           this.plz = plz;
31       }
32
33       // Abfrage des Ortes
34       public String getOrt() {
35           return ort;
36       }
37
38       // Setzen/Ändern des Ortes
39       public void setOrt(String ort) {
40           this.ort = ort;
41       }
42   }
43
```

Erstellung einer einfachen Java-Anwendung zur Verwaltung eines elektronischen Karteisystems

```java
1   public class Freund {
2
3       private static int zaehler = 1;
4
5       private int ID;
6       private String vorname;
7       private String nachname;
8       private String geburtsdatum;
9       private Adresse adresse;
10
11      public Freund(String vorname, String nachname, String geburtsdatum, Adresse adresse) {
12          this.ID = zaehler;
13          zaehler++;
14
15          this.vorname = vorname;
16          this.nachname = nachname;
17          this.geburtsdatum = geburtsdatum;
18          this.adresse = adresse;
19      }
20
21      public int getID() {
22          return ID;
23      }
24      //get set vorname
25      public String getVorname() {
26          String leereAusgabe = "KeinVorname ";
27
28          if (vorname != null) {return vorname; }
29          return leereAusgabe;
30      }
31
32      public void setVorname(String newVorname) {
33          this.vorname = newVorname;
34      }
35      // get set nachname
36      public String getNachname() {
37          String leereAusgabe = "KeinNachname";
38
39          if (nachname != null) {return nachname;}
40          return leereAusgabe;
41      }
42
43      public void setNachname(String newNachname) {
44          this.nachname = newNachname;
45      }
46      //get set geburtsdatum
47      public String getGeburtsdatum() {
48          String leereAusgabe = "KeinGeburtsdatum";
49
50          if (geburtsdatum != null) {return geburtsdatum;}
51          return leereAusgabe;
52      }
53
54      public void setGeburtsdatum(String newGeburtsdatum) {
55          this.geburtsdatum = newGeburtsdatum;
56      }
57
58      //get set adresse
59      public Adresse getAdresse() {
60          Adresse leereAusgabe = new Adresse(" Kein Ort hinterlegt. ", 0000, " Keine Strasse hinterlegt. ");
61
62          if (adresse != null) {return adresse;}
63          return leereAusgabe;
64      }
65      public void setAdresse(Adresse newAdresse) {
66              this.adresse = newAdresse;
67      }
68  }
```

Erstellung einer einfachen Java-Anwendung zur Verwaltung eines elektronischen Karteisystems

```java
import java.util.HashMap;

public class Kartei {

    HashMap<Integer, Freund> freunde = new HashMap<>();

    public void addFreund(int ID, Freund freund) {

        freunde.put(ID, freund);
        System.out.println("Freund " + freund.getVorname() + " wurde erfolgreich der Kartei hinzugefügt. " + " ID: " + freund.getID());
    }

    public Freund getFreund(int ID) {

        Freund keinFreund = null;

        if (freunde.get(ID) != null) {
            return freunde.get(ID);
        }
        return keinFreund;
    }

    public void delFreund(int ID) {

        Freund deleteFreund = freunde.remove(ID);
        if (deleteFreund != null) {
            System.out.println(" Name: " + deleteFreund.getVorname() + ", ID: " + deleteFreund.getID() + "- wurde erfolgreich entfernt."); }
        else {
            System.out.println("Mit dieser ID konnte kein Freund zum löschen gefunden werden");
        }
    }

    public int getAnzahl() {

        int anzahl = freunde.size();

        return anzahl;
    }
}
```

Erstellung einer einfachen Java-Anwendung zur Verwaltung eines elektronischen Karteisystems

```java
1
2  public class Main {
3      public static void main(String[] args) {
4          //Hiermit wird eine neue Kartei erstellt
5          Kartei Freunde = new Kartei();
6          //Beispiel zur Erstellung eines neuen Freundes
7          Freund Name = new Freund ("Vorname", "Nachname", "Geburtsdatum",new Adresse(null, 0, null));
8          //Ein Freund wird in eine Kartei eingetragen
9          Freunde.addFreund(Name.getID(), Name);
10
11         System.out.println(" "); //Leerzeile um den Output des Terminals übersichtlicher zu gestalten
12
13         //Ausgabe derzeitiger Vorname
14         System.out.println(Freunde.getFreund(1).getVorname() + " | ID: " + Freunde.getFreund(1).getID());
15
16         //Änderung des Vornamens
17         Freunde.getFreund(1).setVorname("Max");
18
19         //Ausgabe des veränderten Vornamen (Test)
20         System.out.println(Freunde.getFreund(1).getVorname() + " | ID: " + Freunde.getFreund(1).getID());
21
22         System.out.println(" "); //Leerzeile um den Output des Terminals übersichtlicher zu gestalten
23
24         //Versuch des Löschens eines nicht vorhandenen Eintrags
25         Freunde.delFreund(12);
26
27         //Ausgabe Menge Einträge in Kartei
28         System.out.println("Menge von Einträgen in Kartei: " + Freunde.getAnzahl());
29
30         //Löschung eines vorhandenen Eintrags
31         Freunde.delFreund(1);
32
33         //Ausgabe Menge Einträge in Kartei
34         System.out.println("Menge von Einträgen in Kartei: " + Freunde.getAnzahl());
35
36         System.out.println(" "); //Für bessere Übersichtlichkeit des Terminal-Outputs
37
38         //Erstellung und Eintragung mehrzahl von Freunden
39         Freund Olli = new Freund("Oliver", "Lemm", "10.08.1989",new Adresse("Museumstraße 50", 38229, "Salzgitter"));
40         Freund Marcel = new Freund("Marcel", "Kohlmann", "06.09.1995",new Adresse("Kohlstraße 23", 30569, "Hannover"));
41         Freund Alex = new Freund("Alex", "Wiese", "15.03.1997", new Adresse("Berliner Weg", 30999, "Berlin"));
42         Freund Carsten = new Freund("Carsten", "Müller", "01.01.1900", new Adresse("Musterweg 1", 12345, "Musterhausen"));
43         Freunde.addFreund(Olli.getID(), Olli);
44         Freunde.addFreund(Marcel.getID(), Marcel);
45         Freunde.addFreund(Alex.getID(), Alex);
46         Freunde.addFreund(Carsten.getID(), Carsten);
47
48         System.out.println(" "); //Für bessere Übersichtlichkeit des Terminal-Outputs
49
50         //Ausgabe Gesamtzahl der in der Kartei gespeicherten Einträge
51         System.out.println("In dieser Kartei befinden sich " + Freunde.getAnzahl() + " Einträge");
52
53         //Ausgabe aller Einträge in der Kartei
54         for (Freund freund : Freunde.freunde.values()) {
55             System.out.println(freund.getVorname() + " | ID: " + freund.getID() + " " + freund.getAdresse());
56         }
57     }
58 }
59
```

```
Freund Vorname wurde erfolgreich der Kartei hinzugefügt.  ID: 1

Vorname | ID: 1
Max | ID: 1

Menge von Einträgen in Kartei: 1
Mit dieser ID konnte kein Freund zum löschen gefunden werden
Menge von Einträgen in Kartei: 1
 Name: Max, ID: 1- wurde erfolgreich entfernt.
Menge von Einträgen in Kartei: 0

Freund Oliver wurde erfolgreich der Kartei hinzugefügt.  ID: 2
Freund Marcel wurde erfolgreich der Kartei hinzugefügt.  ID: 3
Freund Alex wurde erfolgreich der Kartei hinzugefügt.  ID: 4
Freund Carsten wurde erfolgreich der Kartei hinzugefügt.  ID: 5

In dieser Kartei befinden sich 4 Einträge
Oliver | ID: 2 Adresse@7e9e5f8a
Marcel | ID: 3 Adresse@8bcc55f
Alex | ID: 4 Adresse@58644d46
Carsten | ID: 5 Adresse@14dad5dc
oliverlemm@MacBook-Pro-von-itsc-3 KarteiJavaFiles % █
```

Erstellung einer einfachen Java-Anwendung zur Verwaltung eines elektronischen Karteisystems

Literaturverzeichnis

Statista.com (2023) - https://de.statista.com/statistik/daten/studie/678732/umfrage/beliebteste-programmiersprachen-weltweit-laut-pypl-index/ aufgerufen am 28.04.2023

Java.com (2023) - https://www.java.com/en/download/help/whatis_java.html aufgerufen am 28.04.2023

Silberbauer, Christian (2020) – Einstieg in Java und OOP, 2.Auflage, Springer

Brauer, Johannes (2014) - Grundkurs Smalltalk - Objektorientierung von Anfang an, 4. Auflage, Springer

Abts, Dietmar (2020) – Grundkurs Java – Von den Grundlagen bis zu Datenbank -und Netzanwendungen, 11. Auflage, Springer

Müller, Heinrich, Weichert, Frank (2023) – Vorkurs Informatik – Der Einstieg ins Informatikstudium, 6. Auflage, Springer

Borrmann, André, König, Markus, Koch, Christian, Jakob Beetz (2021) – Building Information Modeling – Technologische Grundlagen und industrielle Praxis, 2. Auflage, Springer

Tremp, Hansruedi (2022) – Agile objektorientierte Anforderungsanalyse – Planen – Ermitteln – Analysieren – Modellieren – Dokumentieren – Prüfen, 1. Auflage, Springer